Julio Alvarez

Métodos Analíticos de Resolución de Circuitos

1ra. Edición

2001

LIBRERIA Y EDITORIAL ALSINA

Paraná 137 - (C1017AAC) Buenos Aires
Telefax (054)(011) 4373-2942 y (054)(011) 4371-9309
ARGENTINA

Diseño de Tapa, diagramación, gráficas y armado de interior:
Pedro Claudio Rodríguez
Telefax (054) (011) 4372-3336
Celular   (15) 4444-9236

I.S.B.N 950-553-082-X

INDICE GENERAL

CURRICULUM VITAE

Ing. Julio Alvarez

Ingeniero electromecánico con orientación en electricidad, egresado de la Facultad de Ingeniería de la Universidad de Buenos Aires.

Inicia su carrera profesional en la ex-empresa estatal proveedora de electricidad SEGBA S.A. en la sección de proyecto de estaciones transformadoras de alta tensión, dedicándose al poco tiempo a la actividad independiente como consultor de empresas.

Su actividad docente se desarrolla como profesor de Electrotecnia, Instalaciones Eléctricas y Sistemas de Potencia en la Facultad de Ingeniería de la Universidad de Buenos Aires (U.B.A.), en el Instituto Tecnológico Buenos Aires (I.T.B.A.) y en la Escuela Superior Técnica.

Ha realizado boletines informativos para llevar a cabo su docencia, como también ha escrito un libro sobre "Circuitos Excitados por Señales Alternas" en coautoría con el Ing. Valentín Jaime y ha sido el encargado de revisar y actualizar el libro "Instalaciones Eléctricas" del Ing. Marcelo A. Sobrevila en la edición del año 2000.

Métodos Analíticos de Resolución de Circuitos - J. Alvarez

METODOS ANALÍTICOS
DE RESOLUCIÓN DE CIRCUITOS

1. Sistema de unidades utilizados en la resolución de circuitos eléctricos

Las magnitudes y unidades que utilizaremos de acuerdo al **Sistema Métrico Legal Argentino** (*SIMELA*), serán las siguientes:

Magnitud	Nombre	Símbolo gráfico	Unidad
u	Tensión	V	Volt
i	Corriente	A	Ampere
p	Potencia	W	Vatio
R	Resistencia	Ω	Ohm
G	Conductancia	S	Siemens
A	Energía	J	Joule
t	Tiempo	s	Segundo
l	Longitud	m	Metro

2. Elementos básicos de un circuito eléctrico

Los elementos básicos de un circuito eléctrico son las fuentes, los receptores y los conductores de energía eléctrica, los cuales se indican en la figura 1.

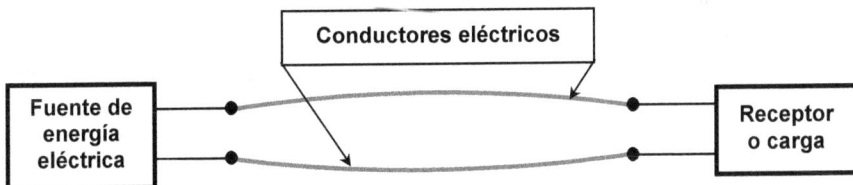

Figura 1: elementos básicos de un circuito

Los elementos básicos **ideales**, tienen 2 terminales, entre los cuales

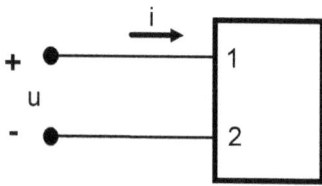

Figura 2: Elemento de dos terminales

podemos tener una tensión que llamaremos "u" y la circulación de una corriente eléctrica "i", según lo mostrado en la figura 2.

Adoptaremos un sentido de corriente indicándolo mediante una flecha, al que denominaremos "**positivo**" por **convención**. Resuelto el circuito y si el resultado fuera contrario al asignado, el valor numérico de la corriente tendrá antepuesto un signo "**menos**".

2.1 Elementos activos

Son aquellos que habitualmente aportan energía al sistema. Las fuentes de energía eléctrica (Pilas, acumuladores, generadores, etc.) convierten la energía mecánica, química, térmica ó radiante en energía eléctrica.

2.2 Elementos pasivos

Es todo elemento que sustrae energía del sistema, para convertirla irreversiblemente en otra forma de energía (*térmica* en el Resistor "R") o acumularla en sus campos conservativos asociados (*campo magnético* en el Inductor "L", o *campo eléctrico* en el Capacitor "C").

2.3 Excitación y respuesta

La excitación está compuesta por los elementos del circuito que **aportan** energía, es decir, las fuentes ó también lo pueden ser para **lapsos cortos**, las bobinas y los capacitores (debido a la energía acumulada en sus campos respectivos)

2.4 Ley de Ohm

En muchos materiales conductores, como el cobre y el aluminio, la tensión que se establece entre sus terminales es directamente proporcional a la corriente que circula a través del mismo. La expresión matemática que lo expresa es:

$$u = R \cdot i$$

donde "R" es la constante de proporcionalidad y la llamaremos "**Resistencia**" y su unidad es el *Ohm* [Ω].

Este elemento dentro de ciertos límites, es considerado lineal, o sea que no cambia su valor con los distintos valores que puedan tomar la tensión ó la corriente. La representación gráfica de esta Ley es la que se muestra en la figura 3.

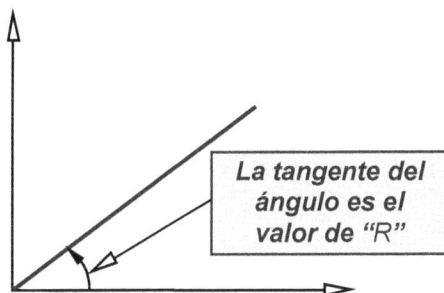

La tangente del ángulo es el valor de "R"

Figura 3: Relación entre la tensión y la corriente en una resistencia

A la inversa de la resistencia la llamaremos Conductancia "G", siendo su unidad el Siemens [S] .

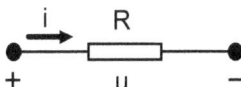

$$u = R \cdot i = \frac{1}{G} \cdot i$$

Figura 4: Definición de la polaridad en una resistencia

En la resistencia la corriente siempre es **entrante** por el terminal **positivo**, de acuerdo a lo indicado en la figura 4, lo que nos indica que **siempre absorbe energía**.

3. Fuentes de energía

3.1 Fuentes de energía ideales independientes

Hay fuentes de tensión y fuentes de corriente ideales independientes, siendo su símbolo gráfico el que se indica en la figura 1.5.

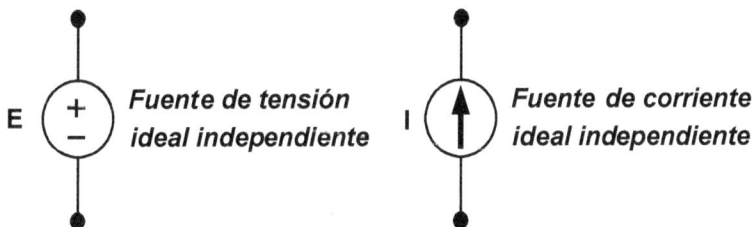

E **Fuente de tensión ideal independiente**

I **Fuente de corriente ideal independiente**

Figura 5: Dipolos activos ideales

En las mismas está indicado respectivamente, la polaridad y el sentido de circulación de la corriente.

3.1.1 Característica externa de una fuente de tensión ideal independiente

La fuente de tensión ideal independiente presenta una tensión constante en sus terminales de salida, independientemente de la corriente que la misma suministre, lo cual se refleja en el gráfico de la figura 6.

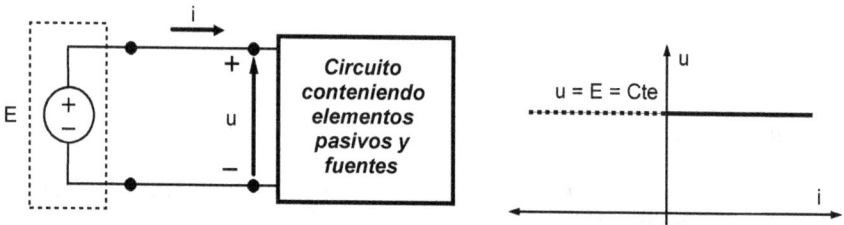

Figura 6: Tensión en los terminales de una fuente de tensión ideal independiente

1° Cuadrante: *La corriente es saliente del terminal positivo de la fuente, lo cual hace que la misma entregue energía al resto del circuito.*

2° Cuadrante: *La corriente es entrante por el terminal positivo de la fuente (impuesta por el resto del circuito), lo que hace que absorba energía.*

La tensión en bornes de la fuente es constante cualquiera sea el valor o el sentido de la corriente.

3.1.2 Característica externa de una fuente de corriente ideal independiente

La corriente que entrega este tipo de fuente es constante, cualquiera sea el valor de la tensión en sus terminales, según se ve en la figura 7.

1° Cuadrante: *La corriente es saliente del terminal positivo de la fuente, lo cual hace que la misma entregue energía al resto del circuito.*

4° Cuadrante: *La corriente es entrante por el terminal positivo de la fuente (Impuesto por el resto del circuito), lo que hace que absorba energía.*

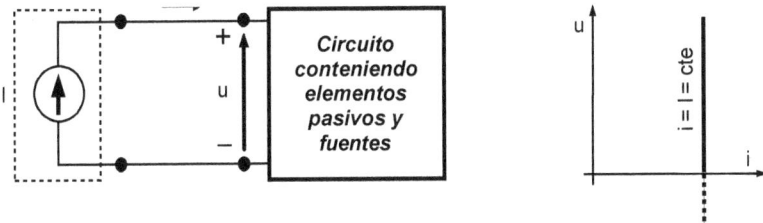

*Figura 7: Corriente en los terminales de una fuente
de corriente ideal independiente*

3.2   Fuentes de energía reales independientes

Toda fuente o generador, en la práctica presenta interiormente, pérdidas de energía, que se representan en su símbolo gráfico por una resistencia, lo que hace que las características antes estudiadas difieran de la realidad.

A los efectos del análisis correspondiente, vamos a trabajar con **sistemas lineales,** en los cuales los elementos del sistema o circuito no cambian sus parámetros, aunque varíen su tensión o corriente.

Se dice que un circuito es lineal, cuando la respuesta aumenta en un factor "K", cuando la excitación ha sido aumentada en ese factor "K" (K es real).

La representación gráfica de las fuentes reales es la de la figura 8.

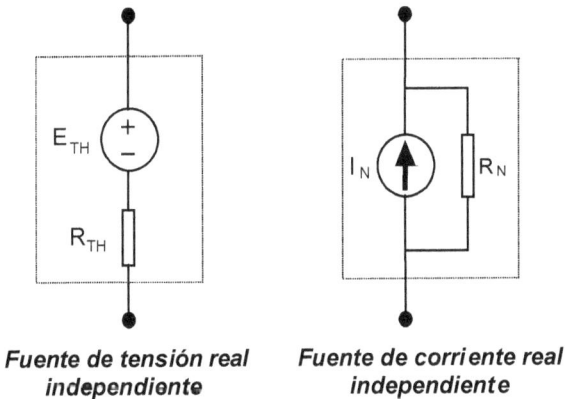

**Fuente de tensión real
independiente**

**Fuente de corriente real
independiente**

Figura 8: Fuentes reales independientes

3.2.1   Característica externa de una fuente de tensión real independiente

Sea una fuente de tensión real independiente alimentando una carga como lo muestra la figura 9.

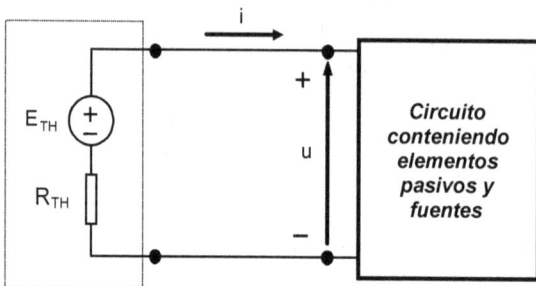

Figura 9: Fuente de tensión real independiente alimentando una carga

La ecuación para el circuito es: $u = E_{TH} - R_{TH} \cdot i$ de la cual analizaremos dos puntos característicos:

a) Haciendo un cortocircuito en los terminales de la fuente, o sea u = 0

Figura 10: Fuente de tensión real independiente con sus terminales en cortocircuito

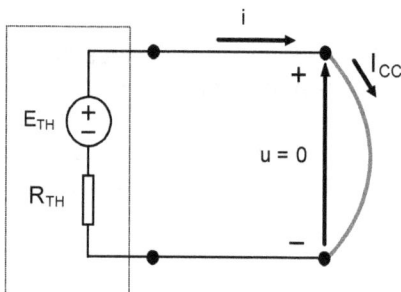

$$i = I_{CC} = \frac{E_{TH}}{R_{TH}}$$

Punto (1) de la figura 12

b) Si dejamos abiertos los terminales de la fuente, o sea i = 0, según la figura 11.

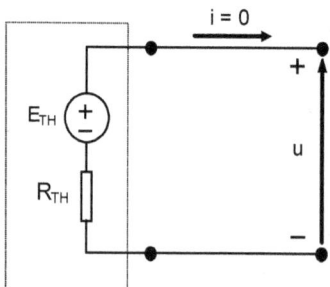

Figura 11: Fuente de tensión real independiente con sus terminales abiertos

$$\boxed{u = E_{TH}}$$

Punto (2) de la figura 12

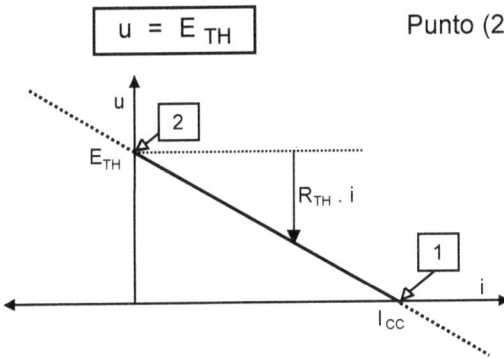

Figura 12:
Característica
externa de
una fuente de
tensión real
independiente

1° Cuadrante: *La corriente es saliente por el terminal positivo de la fuente, luego la misma entrega energía al sistema ó circuito.*

2° Cuadrante: *La corriente es entrante por el terminal positivo (impuesta por el resto del circuito), lo cual hace que la fuente absorba energía. Sea el circuito de la figura 13.*

Figura 13:
Circuito eléctrico
con una fuente de
tensión real
independiente

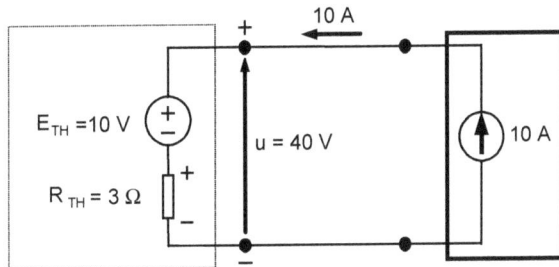

$$u = E_{TH} + R_{TH} \cdot i = 10 + 3 . 10 = 40 \ V$$

La fuente ideal absorbe: 10 V . 10 A = 100 W

La fuente también absorbe (se disipa como calor en la resistencia interna):

$$R_{TH} \cdot i^2 = 3 . 10^2 = 300 \ W$$

La potencia absorbida por la fuente real es: 100 + 300 = 400 W

4° Cuadrante: *En este caso la fuente absorbe más energía que la que entrega. Esto sucede en el caso que la corriente impuesta por el resto del circuito sea tal que la caída de tensión en la resistencia interna (R_{TH}) de la fuente sea mayor que la fuerza electromotriz E_{TH}.*

Como ejemplo sea el siguiente circuito de la figura 14.

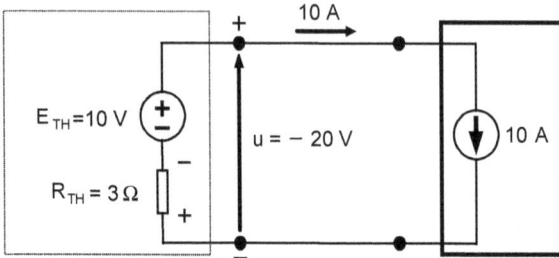

Figura 14:
Circuito eléctrico
con una fuente de
tensión real
independiente

$$u = E_{TH} - R_{TH} \cdot i = 10 - 3. \ 10 = -20 \ V$$

La fuente ideal entrega: 10 V . 10 A = 100 W

La fuente absorbe (se disipa como calor en la resistencia interna):

$$R_{TH} \cdot i^2 = 3 \ . \ 10^2 = 300 \ W$$

La diferencia es una potencia absorbida por la fuente real de:

$$300 \ - \ 100 \ = \ 200 \ W$$

3.2.2 Característica externa de una fuente de corriente real independiente

Sea el circuito con una fuente de corriente real independiente como la mostrada en la figura 15.

Figura 15:
Fuente de
corriente real
independiente
alimentando
una carga

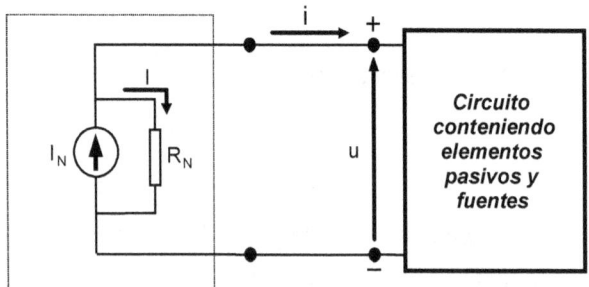

Se cumple: $i = I_N - I$ Siendo: $I = \dfrac{u}{R_N}$ Luego: $i = I_N - \dfrac{u}{R_N}$

a) Si se hace un cortocircuito en los terminales de la fuente según se muestra en la figura 16:

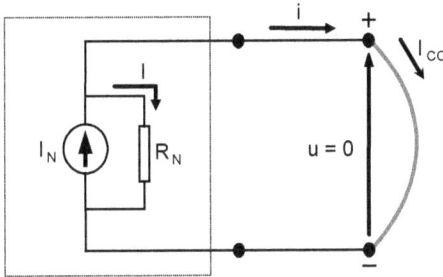

Figura 16:
Fuente de
corriente real
independiente
con sus bornes
en cortocircuito

$\boxed{u = 0}$ luego $\boxed{i = I_{CC} = I_N}$ Punto (1) de la figura 18

b) Si en cambio dejamos el circuito abierto o sea i = 0

Figura 17:
Fuente de
corriente real
independiente
con sus bornes
en circuito abierto

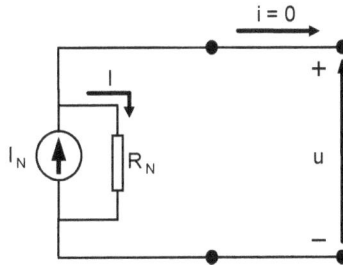

Luego: $\boxed{I = I_N}$ $\boxed{u = R_N \cdot I_N}$ Punto (2) de la figura 18

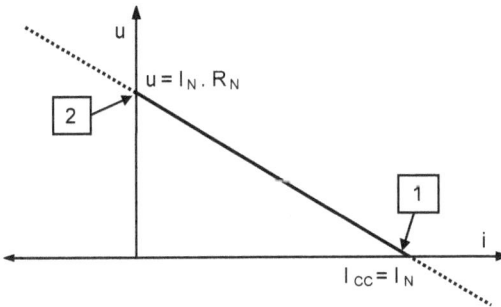

Figura 18:
Característica
externa de una
fuente de corriente
real independiente

1° Cuadrante: La corriente es saliente por el terminal positivo de la fuente, luego la misma entrega energía al sistema o circuito.

2° Cuadrante: La corriente es entrante por el terminal positivo (impuesta por el resto del circuito), lo cual hace que la fuente absorba energía, según se muestra en la figura 19.

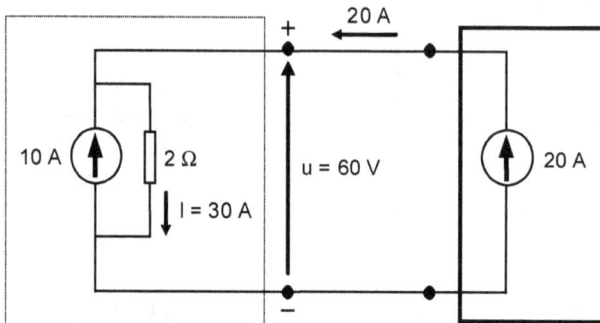

Figura 19: Circuito eléctrico con una fuente de corriente real independiente

$$I = 20 + 10 = 30 \text{ A}$$

$$u = R_N \cdot I = 2 \cdot 30 = 60 \text{ V}$$

La fuente de corriente ideal entrega: $10 \cdot 60 = 600$ W

La resistencia absorbe: $2 \cdot 30^2 = 1800$ W

La fuente real absorbe: $1800 - 600 = 1200$ W

4° Cuadrante: En este caso la fuente absorbe energía. Esto sucede en el caso que la corriente impuesta por el resto del circuito sea tal que la caída de tensión en la resistencia interna (R_N) de la fuente origine una polaridad tal, que la corriente salga por el terminal negativo. Como ejemplo sea el circuito de la figura 20.

Figura 20: Circuito eléctrico con una fuente de corriente real independiente

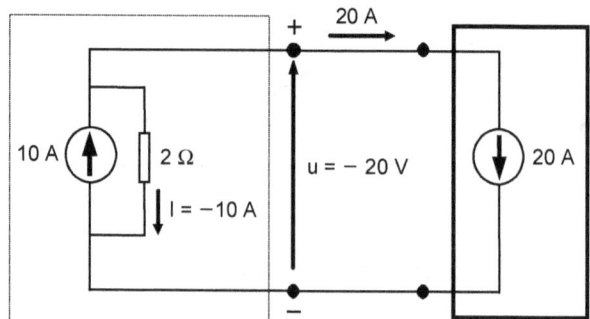

$$I = 10 - 20 = -10 \text{ A}$$

$$u = R_N \cdot I = 2 \cdot (-10) = -20 \text{ V}$$

La fuente de corriente ideal absorbe: $10 \cdot 20 = 200$ W

La resistencia absorbe: $2 \cdot 10^2 = 200$ W

La fuente real absorbe: $200 + 200 = 400$ W

3.3 Equivalencia entre fuentes reales de energía

Una fuente de tensión y una fuente de corriente son equivalentes cuando lo sean sus características exteriores (desde sus bornes hacia afuera).

Dados los gráficos analizados de las fuentes ideales se llega a la conclusión que dichas fuentes no pueden ser equivalentes, ya que sus características exteriores no se pueden superponer.

En cambio las fuentes reales, presentan una característica semejante, o sea que buscando los parámetros adecuados se puede reemplazar una fuente por otra. Esta equivalencia es en cuanto a sus características externas, ya que las fuentes no son **iguales**, debido a que interiormente los **fenómenos energéticos son distintos**.

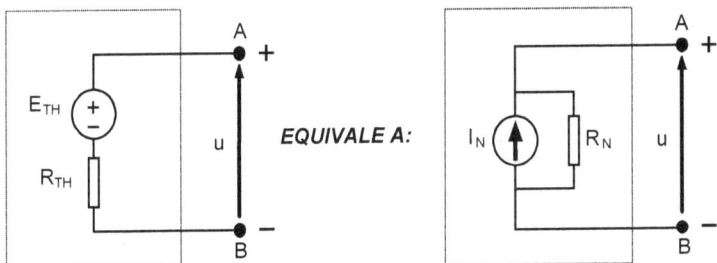

Figura 21: Equivalencia entre fuentes reales

Para que las fuentes sean equivalentes se debe cumplir:

a) Si cortocircuitamos los terminales de las fuentes, o sea $u = 0$

En la fuente de tensión real : $\qquad I_{CC} = \dfrac{E_{TH}}{R_{TH}}$

En la fuente de corriente real: $\qquad I_{CC} = I_N$

Por lo tanto: $\qquad I_N = \dfrac{E_{TH}}{R_{TH}}$

Internamente los fenómenos energéticos son:

En la fuente de tensión real la resistencia interna produce el siguiente valor de pérdidas por calor: $p = R_{TH} \cdot I_{cc}^2$

En la fuente de corriente real por la resistencia interna no circula corriente por lo que no se desarrollan pérdidas.

b) Si dejamos abiertos los terminales de las fuentes o sea: $i = 0$

En la fuente de tensión real: $u = E_{TH}$

En la fuente de corriente real: $u = R_N \cdot I_N$ Por lo tanto:

$$R_N = \frac{u}{I_N} = \frac{E_{TH}}{I_N} = \frac{E_{TH}}{I_{CC}} \quad \Rightarrow \quad R_N = R_{TH}$$

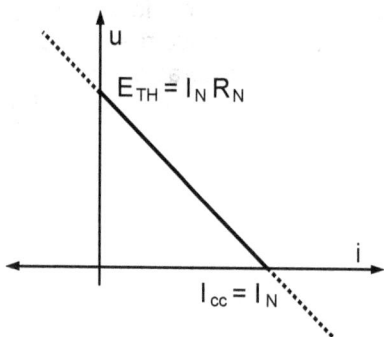

Figura 22: Características externas superpuestas de las fuentes reales de tensión y corriente independientes

Internamente los fenómenos energéticos son:

En la fuente de tensión real al no haber circulación de corriente no hay pérdidas.

En la fuente de corriente real:

$$p = R_N \cdot I_N^2$$

En la figura 22 observamos las características externas superpuestas de las fuentes de tensión y corriente reales equivalentes.

4.   Fuentes de energía ideales dependientes

4.1   Fuente de tensión ideal dependiente o controlada

Es una fuente en la cual la tensión en sus terminales, está determinada por el valor de la corriente ó la tensión, que se establezca en otra parte del circuito. Su símbolo gráfico es el mostrado en la figura 23.

4.2   Fuente de corriente ideal dependiente o controlada

Es una fuente la que la corriente que suministra está determinada por

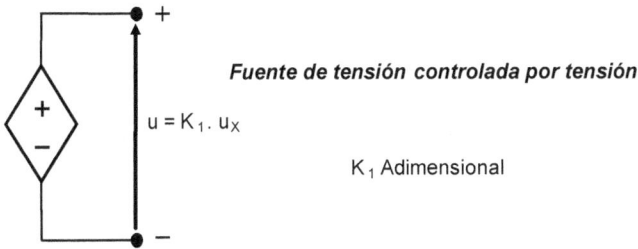

Fuente de tensión controlada por tensión

$u = K_1 . u_X$

K_1 Adimensional

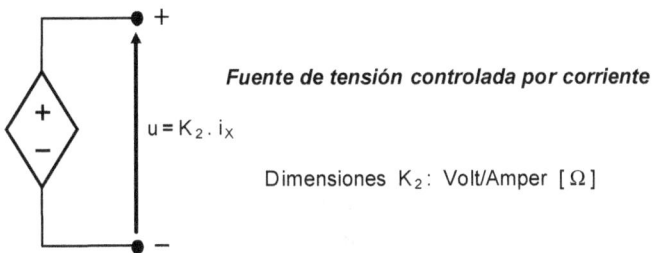

Fuente de tensión controlada por corriente

$u = K_2 . i_X$

Dimensiones K_2: Volt/Amper [Ω]

Figura 23: Fuentes de tensión controladas o dependientes

la corriente ó la tensión en otra parte del circuito. Su símbolo gráfico es el mostrado en la figura 24.

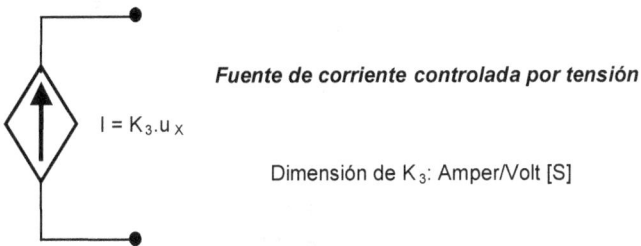

Fuente de corriente controlada por tensión

$I = K_3 . u_X$

Dimensión de K_3: Amper/Volt [S]

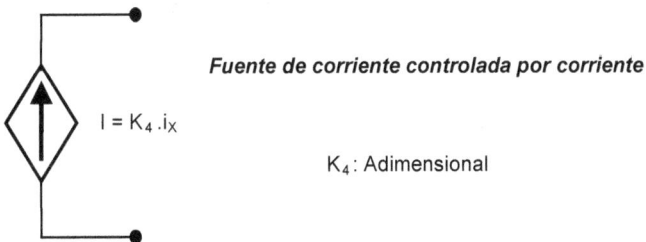

Fuente de corriente controlada por corriente

$I = K_4 . i_X$

K_4: Adimensional

Figura 24: Fuentes de corriente controladas o dependientes

5. Agrupamiento de resistencias (Dipolos pasivos)

5.1 Agrupamiento en serie

La conexión de resistencias como muestra la fig. 25, se denomina en serie:

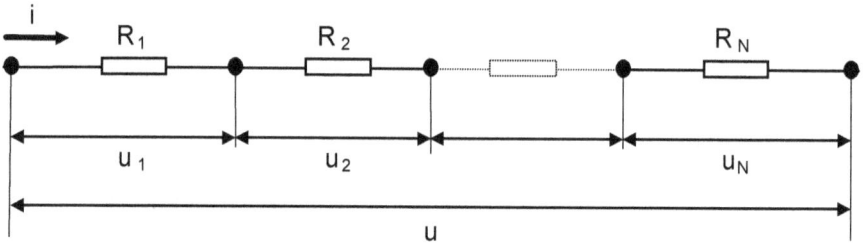

Figura 25: Agrupamiento de resistencias en serie

De acuerdo al esquema, la corriente que circula por las resistencias es la misma. Por lo tanto la caída de tensión total es la suma de las caídas de tensión en cada resistencia.

$$u = u_1 + u_2 + \ldots + u_N = i \cdot R_1 + i \cdot R_2 + \ldots + i \cdot R_N$$

$$u = i \cdot (R_1 + R_2 + \ldots + R_N)$$

O sea que la resistencia equivalente del conjunto es la suma de las resistencias parciales.

$$R_S = R_{EQUIVALENTE} = \Sigma R_i = R_1 + R_2 + \ldots + R_N$$

5.2 Agrupamiento en paralelo

En este caso la caída de tensión aplicada en todas las resistencias es la misma, como puede observarse en la figura 26.

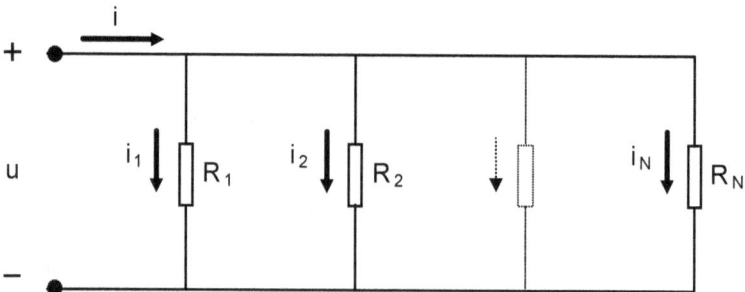

Figura 26: Agrupamiento de resistencias en paralelo

$$i = i_1 + i_2 + \ldots\ldots + i_N = {}^u / R_1 + {}^u / R_2 + \ldots\ldots + {}^u / R_N$$

$$i = u . ({}^1 / R_1 + {}^1 / R_2 + \ldots\ldots + {}^1 / R_N) = {}^u / R_P$$

$$^1 / R_P = {}^1 / R_1 + {}^1 / R_2 + \ldots\ldots + {}^1 / R_N = {}^1 / R_i = G_i$$

Donde G : Conductancia [S]

5.3 Agrupamiento en estrella y triángulo. Equivalencia.

Tres resistencias pueden ser conectadas uniendo uno de sus terminales en un punto común, denominando a dicha agrupación **"estrella"**. También se la conoce como interconexión **"T"**, dependiendo su designación en la forma de dibujarlas, según lo mostrado en la figura 27.

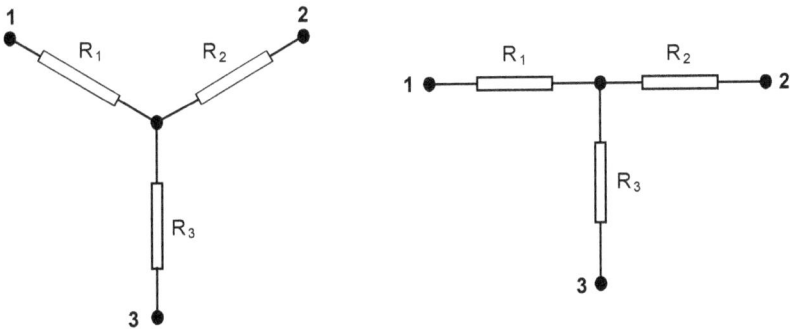

Figura 27: Agrupamiento "estrella" o "T"

Otro tipo de agrupamiento surge de unir los terminales de las resistencias de a pares siendo su designación "**Triángulo**" o **"Pi"** y de acuerdo al esquema de la figura 28.

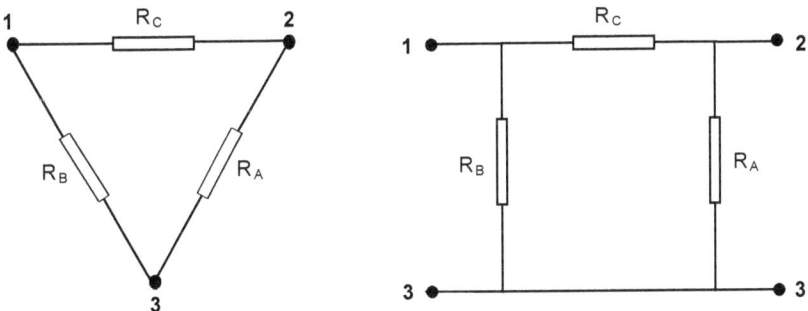

Figura 28: Agrupamiento "Triángulo" ó "π"

En circuitos en los cuales aparece este tipo de agrupamientos, por simplificación del mismo es más conveniente trabajar con una agrupación u otra, sustituyendo una por otra, sin modificar la equivalencia eléctrica. Las resistencias equivalentes deben ser tales, que el valor que presentan entre dos terminales cualesquiera sean iguales.

Si tomamos los terminales **1** y **2**, la resistencia que presenta para el agrupamiento en estrella, es la suma de las resistencias R_1 y R_2.

En cambio en el agrupamiento triángulo, es el paralelo de la resistencia R_C con $(R_A + R_B)$. Luego nos queda:

Terminales	Estrella	Triángulo
1 - 2	$R_1 + R_2$	$\dfrac{R_C \, (R_A + R_B)}{R_A + R_B + R_C}$
2 - 3	$R_2 + R_3$	$\dfrac{R_A \, (R_B + R_C)}{R_A + R_B + R_C}$
1 - 3	$R_1 + R_3$	$\dfrac{R_B \, (R_A + R_C)}{R_A + R_B + R_C}$

Aquí tenemos planteado tres sistemas de ecuaciones, con tres incógnitas ya sea que tengamos los valores de las resistencias conectadas en estrella y queramos su equivalente en triángulo ó viceversa.

5.3.1 Transformación de un sistema en estrella a su equivalente en triángulo.

Conociendo los valores de las resistencias en estrella, los equivalentes en triángulo son:

$$R_A = \frac{R_1 \cdot R_2 + R_2 \cdot R_3 + R_1 \cdot R_3}{R_1}$$

$$R_B = \frac{R_1 \cdot R_2 + R_2 \cdot R_3 + R_1 \cdot R_3}{R_2}$$

5.3.2 Transformación de un sistema en triángulo a su equivalente en estrella.

Conociendo los valores de las resistencias en triángulo, los equivalentes en estrella son:

$$R_1 = \frac{R_B \cdot R_C}{R_A + R_B + R_C}$$

$$R_2 = \frac{R_A \cdot R_C}{R_A + R_B + R_C}$$

$$R_3 = \frac{R_A \cdot R_B}{R_A + R_B + R_C}$$

6. Leyes de KIRCHHOFF

6.1 Primera Ley de Kirchhoff
(Ley de la suma de corrientes en un nodo)

En todo circuito o red de conductores, la suma algebraica de las corrientes que concurren a un nodo es igual a cero. Generalizando podemos decir que la suma algebraica de las corrientes que concurren a un recinto cerrado es igual a cero.

$$- i_1 + i_2 + i_3 - i_4 = 0$$

Para los cálculos a realizar hemos adoptado la convención mostrada en la figura 29-B.

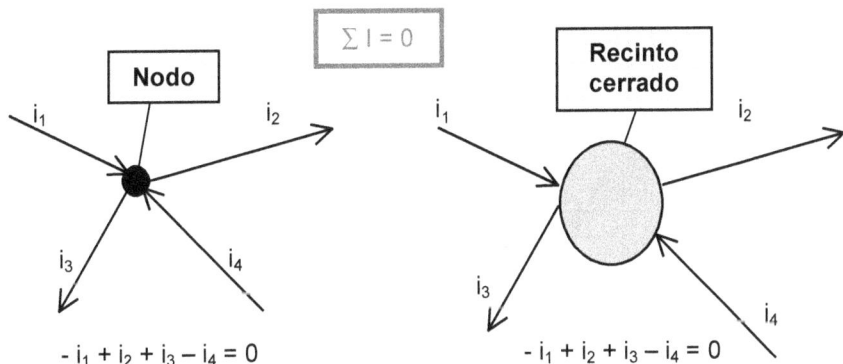

Figura 29-A: Convenciones

(*) El sentido de la corriente en la resistencia se establece desde el punto de mayor potencial al de menor potencial (concuerda con la caída de tensión en bornes).

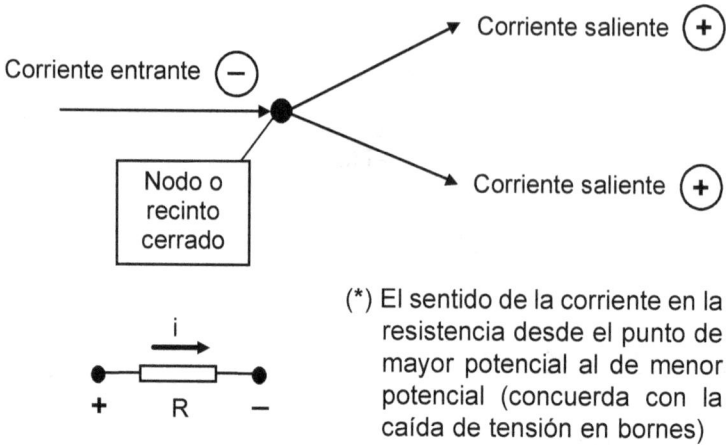

Corriente saliente $\oplus$

Corriente entrante $\ominus$

Corriente saliente $\oplus$

Nodo o recinto cerrado

i

$+$ R $-$

(*) El sentido de la corriente en la resistencia desde el punto de mayor potencial al de menor potencial (concuerda con la caída de tensión en bornes)

Figura 29-B: Convenciones

6.1.1 Ejemplo numérico

Sea el circuito de la figura 30.

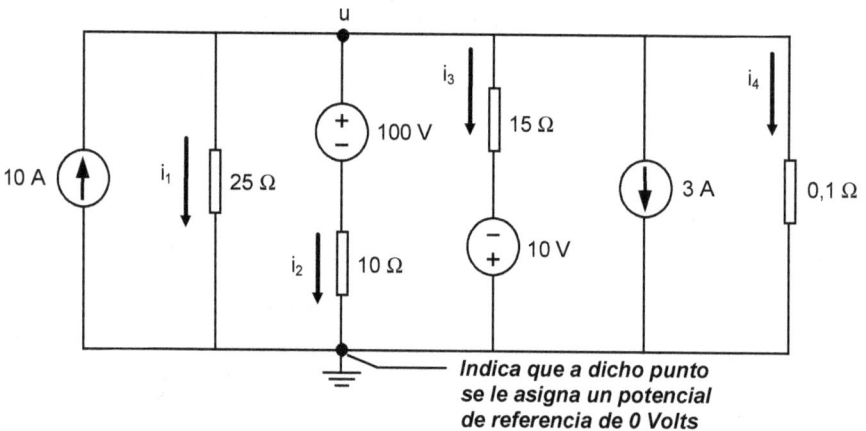

Indica que a dicho punto se le asigna un potencial de referencia de 0 Volts

Figura 30: Circuito de ejemplo

Asignándole potencial cero al nodo inferior y "u" al superior, la suma de las corrientes en este último será:

$$-10 + {}^u/_{25} + {}^{(u-100)}/_{10} + {}^{(u+10)}/_{15} + 3 + u \cdot 0,1 = 0$$

$$-10 + {}^u/_{25} + {}^u/_{10} - {}^{100}/_{10} + {}^u/_{15} + {}^{10}/_{15} + 3 + u \cdot 0,1 = 0$$

$$- 10 - {}^{100}/_{10} + {}^{10}/_{15} + 3 + u \, ({}^{1}/_{25} + {}^{1}/_{10} + {}^{1}/_{15} + 0{,}1) = 0$$

$$- 16{,}33 + u \, . \, (0{,}3067) = 0$$

$$u = \textbf{53{,}26 V}$$

$$i_1 = {}^{u}/_{25} = {}^{53{,}26}/_{25} = 2{,}130 \text{ A}$$

$$i_2 = (u - 100) / {}_{10} = (53{,}26 - 100) / {}_{10} = - 4{,}674 \text{ A}$$

$$i_3 = (u + 10) / {}_{15} = (53{,}26 + 10) / {}_{15} = 4{,}217 \text{ A}$$

$$i_4 = u \, . \, 0{,}1 = 53{,}26 \, . \, 0{,}1 = 5{,}326 \text{ A}$$

Sumando las corrientes en el nodo:

$$10 + 2{,}130 - 4{,}674 + 4{,}217 + 3 + 5{,}326 = 0$$

6.2 Segunda Ley de Kirchhoff
(Ley de la suma de tensiones en un circuito cerrado)

En todo circuito cerrado la suma algebraica de las fuerzas electromotrices es igual a la suma algebraica de las caídas de tensión en las resistencias. Adoptaremos la siguiente convención de signos:

a) Le asignamos un sentido a la corriente **arbitrario**, con lo cual las caídas de tensión en las resistencias toman polaridad positiva en los terminales en los cuales la corriente es entrante.

b) Se adopta un sentido de circulación **arbitrario**. En nuestro caso adoptaremos un sentido de circulación horario.

c) Sobre la base de estas premisas adoptaremos como positivas las fuerzas electromotrices y caídas de tensión cuando nos encontremos con la polaridad positiva (+) en el terminal por el cual entremos, cuando estemos efectuando la circulación.

d) Si en los resultados nos aparece un signo menos (−), nos indica que el sentido real de la corriente es contrario al adoptado.

6.2.1 Ejemplo numérico

Consideremos el circuito de la figura 31.

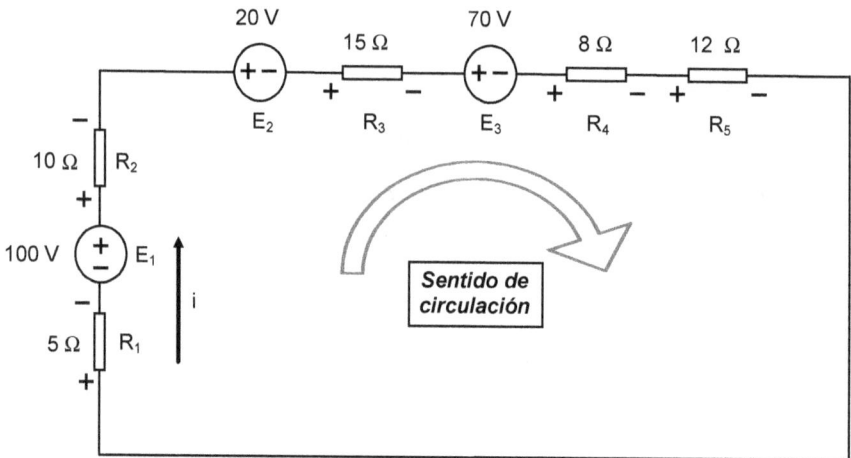

Figura 31: Circuito de ejemplo

Será:

$$i. R_1 - E_1 + i. R_2 + E_2 + i. R_3 - E_3 + i. R_4 + i. R_5 = 0$$

$$- E_1 + E_2 - E_3 + i (R_1 + R_2 + R_3 + R_4 + R_5) = 0$$

$$i = (E_1 - E_2 + E_3) / (R_1 + R_2 + R_3 + R_4 + R_5)$$

$$i = \frac{+ 100 - 20 + 70}{5 + 10 + 15 + 8 + 12} = 3\ A$$

7. Resolución de circuitos por medio de las corrientes auxiliares de malla (Método de las mallas)

En todo circuito eléctrico ramificado encontramos un cierto número de ramas, nodos y mallas.

Llamamos **Rama** de un esquema eléctrico, aquella parte que vincula dos nodos. Consta de elementos conectados en serie (Fuentes y resistencias).

Llamamos **nodo** de un esquema eléctrico el punto en el cual concurren por lo menos tres ramas. Cabe aclarar que nodo también es el punto al cual concurren solo dos ramas, pero el mismo no agrega nada a la resolución de circuitos.

Llamamos **malla** a todo circuito elemental cerrado que no encierra a otros circuitos.

Llamamos *lazo* o **supermalla** a un circuito cerrado que encierra a dos ó más mallas.

Resolver un circuito implica determinar las tensiones de los nodos y las corrientes de las ramas. El método que analizaremos se basa en la segunda Ley de Kirchhoff. Sea el circuito de la figura 32.

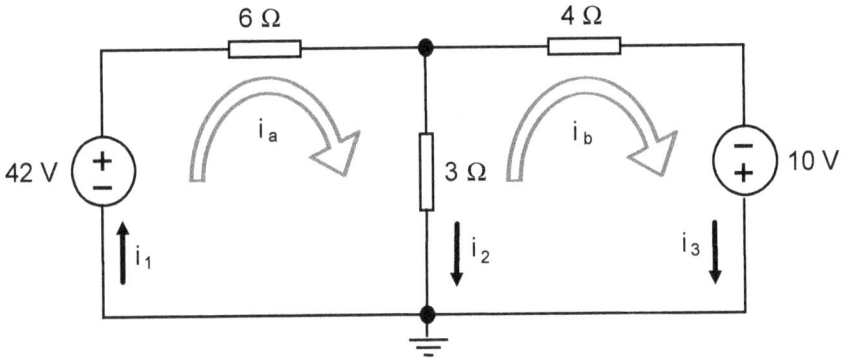

Figura 32: Circuito de análisis

El número de mallas está dado por: $M = R - (N - 1)$

donde:

M : Número de mallas
R : Número de ramas
N : Número de nodos

$$M = 3 - (2 - 1) = 2$$

Aplicando la segunda Ley de Kirchhoff a cada malla:

Malla **a** : $- 42 + 6 \cdot i_a + 3 (i_a - i_b) = 0$

Malla **b** : $- 10 + 3 (i_b - i_a) + 4 i_b = 0$

Desarrollando este nos queda:

Malla **a** : $9 i_a - 3 i_b = 42$

Malla **b** : $- 3 i_a + 7 i_b = 10$

Resolviendo el sistema :

$$i_a = 6 \ A$$

$$i_b = 4 \ A$$

$$i_1 = i_a = 6 \ A$$

$$i_2 = i_a - i_b = 6 - 4 = 2 \text{ A}$$

$$i_3 = i_b = 4 \text{ A}$$

$$u = 3 . i_2 = 3 . 2 = 6 \text{ V}$$

7.1 Indeterminación en mallas. Supermalla.

Cuando una fuente de corriente (ideal independiente o controlada), está presente una de las ramas del circuito, nos queda indeterminada la caída de tensión en bornes de dicha fuente, ya que la misma depende del resto del circuito.

Para resolver el circuito se hace una especie de **supermalla**, a partir de dos mallas que tengan como elemento común dicha fuente de corriente, estando la misma dentro de la supermalla. Veamos el ejemplo de la figura 33.

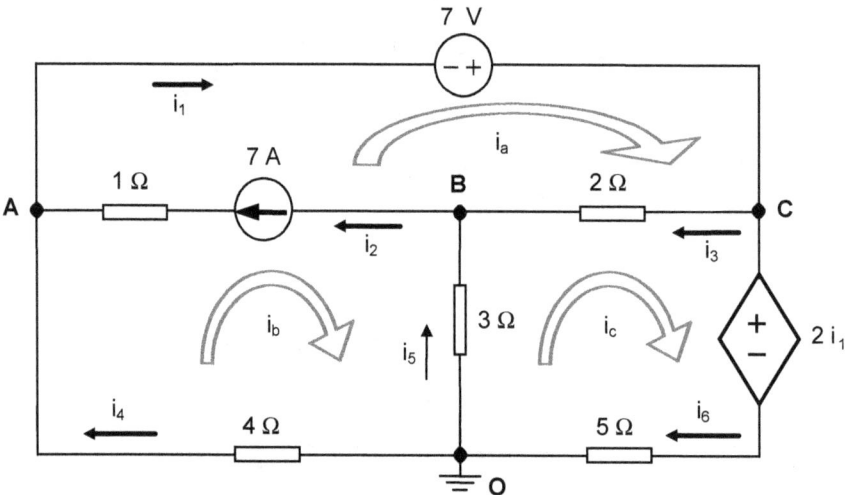

Figura 33: Circuito análisis

En este circuito tenemos 3 mallas que denominamos a, b y c, pero observamos que en la rama entre las mallas a y b se encuentra una fuente de corriente, lo que nos obliga a formar una supermalla, que es la que presenta el recorrido: **0**- Resistencia de 4 Ω -**A**- Fuente de 7 V -**C**- Resistencia de 2 Ω -**B**- Resistencia de 3 Ω -**0**.

Aplicando la segunda Ley de Kirchhoff nos queda:

Supermalla: $\quad 4 . i_b - 7 + 2 (i_a - i_c) + 3 (i_b - i_c) = 0$

Malla c $2 i_1 + 5 \cdot i_c + 3 (i_c - i_b) + 2 (i_c - i_a) = 0$

Rama **A-B** $i_a - i_b = 7$

Agrupando:

$$2 \cdot i_a + 7 \cdot i_b - 5 \cdot i_c = 7$$
$$- 3 \cdot i_b + 10 \cdot i_c = 0$$
$$i_a - i_b = 7$$

Resolviendo este sistema:

$i_a = 6{,}07 \ A$; $i_b = - 0{,}93 \ A$; $i_c = - 0{,}28 \ A$

$i_1 = i_a = 6{,}07 \ A$

$i_2 = 7 \ A$

$i_3 = i_a - i_c = 6{,}07 - (-0{,}28) = 6{,}35 \ A$

$i_4 = i_b = - 0{,}93 \ A$

$i_5 = i_c - i_b = (- 0{,}28) - (- 0{,}93) = 0{,}65 \ A$

$i_6 = i_c = - 0{,}28 \ A$

$u_A - u_0 = u_A = - 4 \cdot i_4 = - 4 \cdot (- 0{,}93) = 3{,}72 \ V$

$u_B - u_0 = u_B = - 3 \cdot i_5 = - 3 \cdot 0{,}65 = - 1{,}95 \ V$

$u_C - u_0 = u_C = u_A + 7 = 10{,}72 \ V$

La tensión sobre la fuente de corriente será:

$u_A - u_B + 1 \cdot 7 = 3{,}72 - (- 1{,}95) + 7 = 12{,}67 \ V$

Procedemos a volcar los resultados en lo que llamaremos diagrama del circuito, en el cual dibujamos con trazos las ramas sin colocar ningún elemento activo ó pasivo, e indicando los valores de corrientes y tensiones con sus signos reales, según se muestra en la figura 34.

7.2 Balance energético

Para efectuar el balance de la energía puesta en juego en el circuito adoptaremos la convención indicada en la figura 35.

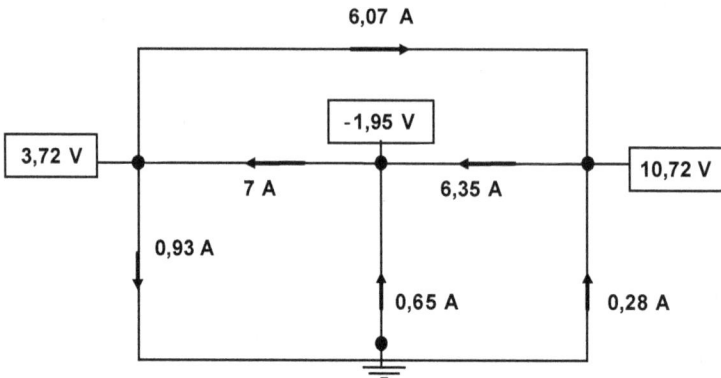

Figura 34: Diagrama del circuito

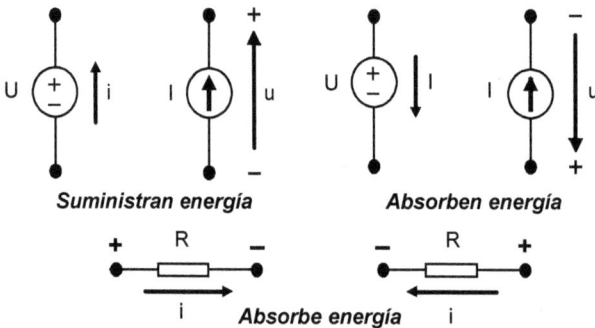

Figura 35: Convenciones a utilizar en el balance energético

Haremos el balance energético para el ejercicio anterior el cual resumiremos en un cuadro:

Referencia	Potencia [W]		Cálculo
	Entregada	Absorbida	
Fuente de tensión	42,49	---	$E \cdot i_1 = 7 \cdot 6.07$
Fuente de corriente	88,69	---	$U_{fuente} \cdot i_2 = 12,62 \cdot 7$
Fuente controlada	3,40	---	$2 \cdot i_1 \cdot i_6 = 2 \cdot 6,07 \cdot 0,28$
Resistencia 1 Ω	---	49,00	$R \cdot i_2^2 = 1 \cdot 7^2$
Resistencia 2 Ω	---	80,65	$R \cdot i_3^2 = 2 \cdot 6,35^2$
Resistencia 3 Ω	---	1,27	$R \cdot i_5^2 = 3 \cdot 0,65^2$
Resistencia 4 Ω	---	3,46	$R \cdot i_4^2 = 4 \cdot 0,93^2$
Resistencia 5 Ω	---	0,39	$R \cdot i_6^2 = 5 \cdot 0,28^2$
Totales	**134,58**	**134,47**	La diferencia entre las columnas se debe a las aproximaciones

8. Resolución de circuitos mediante los potenciales de nodos (Método de los nodos)

Mediante este método se determinan las tensiones de los nodos y luego las corrientes de cada rama. Se basa en la primera Ley de Kirchhoff.

Analicemos el circuito de la figura 36.

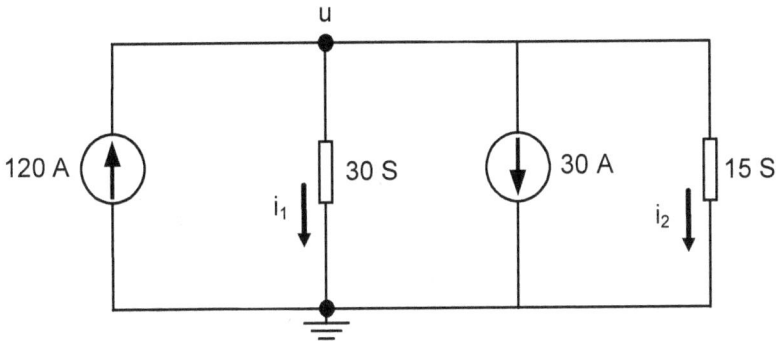

Figura 36: Circuito de análisis

Este circuito tiene dos nodos y cuatro ramas.

A uno de los nodos lo tomaremos como referencia, y le asignaremos potencial cero, por lo tanto se necesita una sola ecuación para resolver el circuito, ya que la incógnita es el potencial "u".

Supondremos siempre que el potencial del nodo considerado (el superior en este análisis) es **más positivo** con lo cual las corrientes en las resistencias son salientes del nodo. Aplicando la primera Ley de Kirchhoff obtenemos:

$$- 120 + u \cdot 30 + 30 + u \cdot 15 = 0$$

$$u = \frac{(120 - 30)}{(30 + 15)} = 2 \text{ V}$$

Al obtener un resultado positivo nos indica que el sentido asignado es correcto.

$$i_1 = u \cdot G_1 = 2 \cdot 30 = 60 \text{ A}$$

$$i_2 = u \cdot G_2 = 2 \cdot 15 = 30 \text{ A}$$

8.1 Supernodo

Cuando en una de las ramas del circuito aparece una fuente de tensión ideal independiente o controlada, la corriente que circula por la misma, depende del resto del circuito lo cual, hace que no podamos calcular la misma en forma directa.

Para solucionar esto, se agrupan los nodos entre los cuales se encuentra la mencionada fuente, y se forma lo que llamaremos un **supernodo.** Analizaremos el circuito de la figura 37.

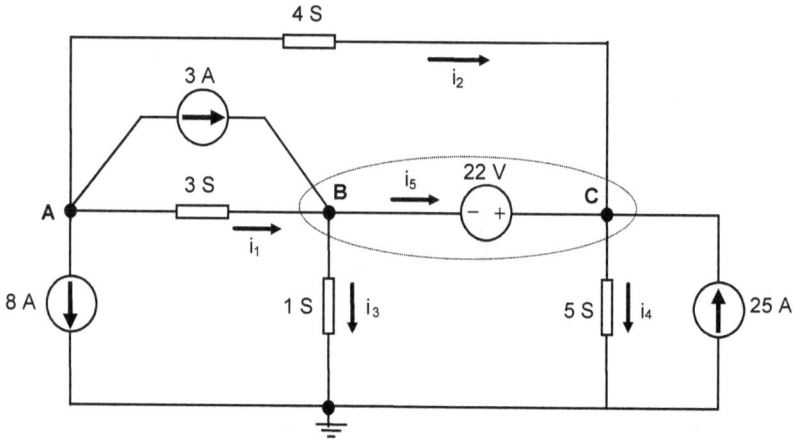

Figura 37: Circuito de análisis

Supernodo **B-C:** $\quad 3\,(u_B - u_A) - 3 + 4\,(u_C - u_A) - 25 + 5\,u_C + 1\,u_B = 0$

Nodo **A**: $\quad 3\,(u_A - u_B) + 3 + 4\,(u_A - u_C) + 8 = 0$

Agrupando nos queda:

$$- 7\,u_A + 4\,u_B + 9\,u_C = 28$$

$$7\,u_A - 3\,u_B - 4\,u_C = -11$$

La ecuación restante es: $\quad u_C - u_B = 22\ V$

Resolviendo el sistema obtenemos:

$$u_A = -4{,}50\ V$$

$$u_B = -15{,}50\ V$$

$$u_C = 6{,}50\ V$$

Las corrientes son:

$$i_1 = 3 (u_A - u_B) = 3 (-4,50 + 15,50) = 33 \text{ A}$$

$$i_2 = 4 (u_A - u_C) = 4 (-4,50 - 6,50) = -44 \text{ A}$$

$$i_3 = 1 u_B = 1.(-15,50) = -15,50 \text{ A}$$

$$i_4 = 5 u_C = 5.6,50 = 32,50 \text{ A}$$

$$i_5 = i_1 - i_3 + 3 = 33 - (-15,50) + 3 = 51,50 \text{ A}$$

El diagrama del circuito es el de la figura 38.

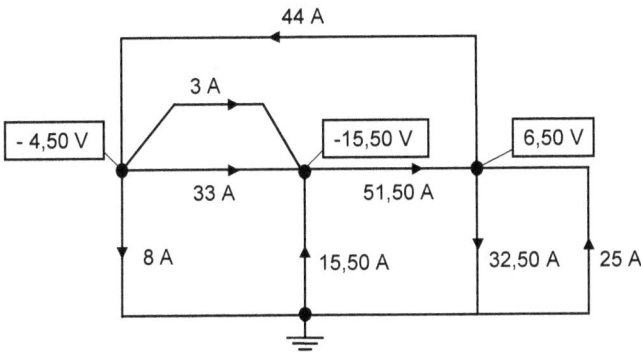

Figura 38: Diagrama del circuito

El balance energético será:

Referencia	Potencia [W]		Cálculo
	Entregada	Absorbida	
Fuente de tensión	1133,00	---	$E . i_5 = 22 . 51,5$
Fuente de corriente de 3 A	---	33	$3(u_B - u_A)=3(-15,5+4,5)$
Fuente de corriente de 8 A	36,00	---	$8 (- u_A) = 8 . 4,50$
Fuente de corriente de 25 A	162,50	---	$25 . u_C = 25 . 6,50$
Conductancia 1 s	---	240,25	$i^2_3/G_1 = 15,5^2/1$
Conductancia 3 s	---	363,00	$i^2_1/G_3 = 33^2/3$
Conductancia 4 s	---	484,00	$i^2_2/G_4 = 44^2/4$
Conductancia 5 s	---	211,25	$i^2_4/G_5 = 32,5^2/5$
Totales	**1331,50**	**1331,50**	La diferencia que pueda haber entre las columnas se debe a las aproximaciones

9. Teoremas de THEVENIN Y NORTON

9.1 Pasivado de fuentes

Una fuente queda pasivada cuando el módulo de su magnitud eléctrica se hace cero (No tiene más capacidad de aportar energía eléctrica).

Fuente de tensión ideal independiente   **Dipolo equivalente pasivado**

$E = 0$

Cortocircuito

Fuente de tensión real independiente   **Dipolo equivalente pasivado**

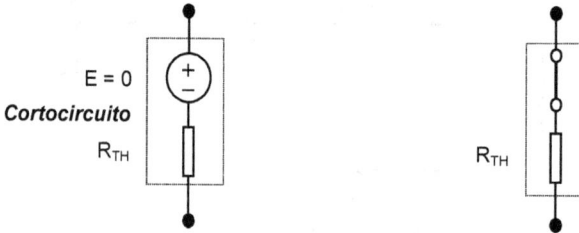

$E = 0$

Cortocircuito

R_{TH}

R_{TH}

Figura 39: Equivalencia circuital de fuentes de tensión pasivadas

Fuente de corriente ideal independiente   **Dipolo equivalente pasivado**

$I_N = 0$

Circuito abierto

Fuente de corriente real independiente   **Dipolo equivalente pasivado**

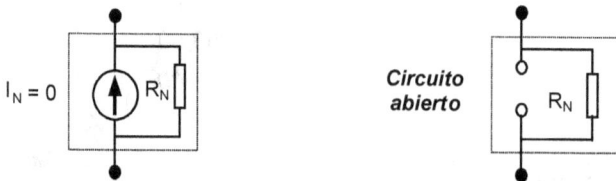

$I_N = 0$ R_N

Circuito abierto R_N

Figura 40: Equivalencia circuital de fuentes de corriente pasivadas

Pasivar una fuente de tensión significa llevar el módulo de su fuerza electromotriz a cero, o sea cortocircuitarla, ya que para cualquier valor de la corriente no debe variar la tensión. En la figura 39 se muestra la equivalencia circuital de las fuentes de tensión pasivadas.

Pasivar una fuente de corriente, significa abrir el circuito, ya que la corriente es independiente de la tensión en sus terminales. En la figura 40 se observa la equivalencia circuital.

Las fuentes controladas **no se pasivan,** ya que el valor de tensión o corriente en sus terminales, dependen de otra parte del circuito.

9.2 Teorema de THEVENIN

La corriente de una rama de un circuito, es la misma que se obtendría reemplazando el resto del circuito por una fuerza electromotriz real, cuya "E_{TH}" es igual a la diferencia de potencial entre sus extremos, con la rama abierta, en serie con una resistencia equivalente al resto del circuito, vista desde dichos extremos y **pasivando** las fuentes **independientes**.

Tomemos el ejemplo de la figura 41.

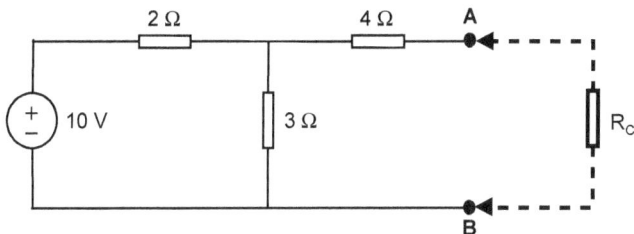

Figura 41: Circuito de análisis

Para determinar la E_{TH}, el circuito nos queda:

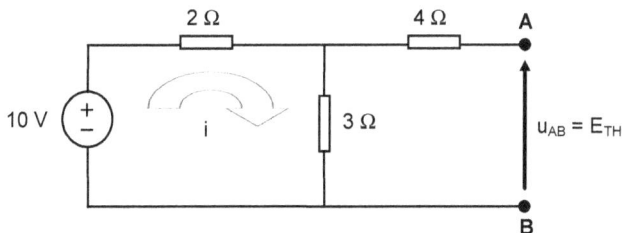

La tensión entre los bornes **A** y **B**, es igual a la caída de tensión en la resistencia de 3 Ω. La corriente sobre dicha resistencia está dada por:

$$i = {}^{10}/_{(2 + 3)} = 2 \, A$$

$$E_{TH} = U_{AB} = 3 \cdot 2 = 6 \, V$$

Para determinar R_{TH}, el circuito queda:

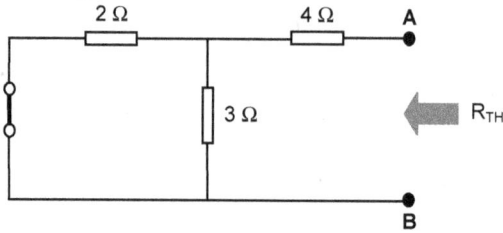

La resistencia de 2 Ω está en paralelo con la de 3 Ω , y este conjunto en serie con la de 4 Ω.

$$R_{TH} = \frac{2 \cdot 3}{2 + 3} + 4 = 5,20 \, \Omega$$

Por lo tanto el circuito equivalente es el siguiente:

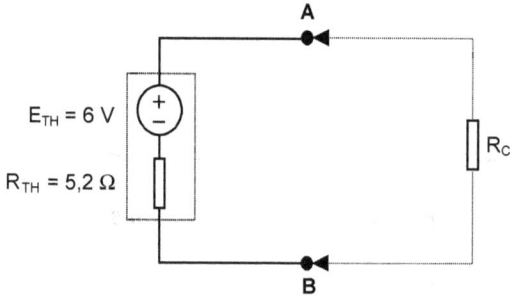

9.3 Teorema de NORTON

La corriente en una rama de un circuito es la misma que se obtendría reemplazando el resto del circuito, por una fuente de corriente real independiente, cuyo valor "IN", es la corriente que aparece al cortocircuitar los extremos de la rama considerada, y una resistencia en paralelo, cuyo valor es el de la resistencia que se ve desde los extremos de dicha rama(con la rama abierta) con las fuentes independientes *pasivadas.*

Consideremos el mismo ejemplo anterior y cortocircuitemos los terminales **A-B**.

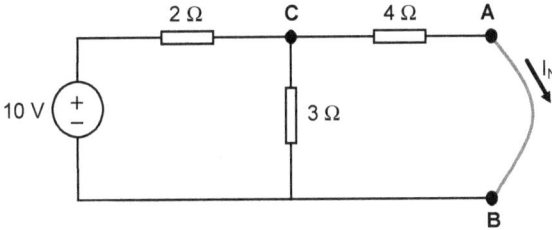

En el nodo **C** se cumple:

$$\frac{u_C - 10}{2} + \frac{u_C}{3} + \frac{u_C}{4} = 0$$

$$u_C = {}^{60}/_{13} = 4{,}615 \text{ V}$$

$$I_N = I_{CC} = {}^{u_C}/_4 = {}^{4{,}615}/_4 = 1{,}154 \text{ A}$$

La resistencia de Norton es igual a la de Thevenin por lo tanto:

$$R_N = \frac{2 \cdot 3}{2 + 3} + 4 = 5{,}20 \, \Omega$$

Con lo que nos queda el siguiente circuito equivalente:

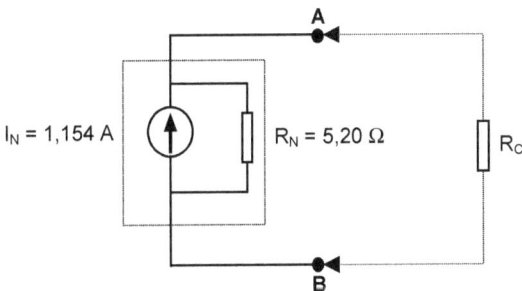

Vemos que: $R_N = R_{TH} = {}^{E_{TH}}/_{I_N}$

10. Principio de superposición

La respuesta de un circuito a un conjunto de excitaciones, es igual a la suma algebraica de las respuestas individuales, actuando cada excitación en forma independiente y pasivando las otras. Esto es valido para circuitos lineales. Sea el ejemplo de la figura 41, en el cual queremos hallar la corriente i:

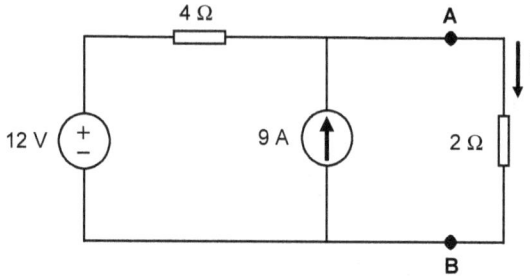

Figura 42: Circuito de análisis

a) Hacemos actuar la fuente de tensión pasivando la fuente de corriente:

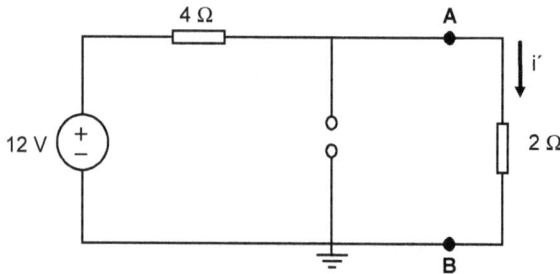

$$i' = \frac{12}{4 + 2} = 2 \text{ A} \qquad u'_A = 2 \cdot 2 = 4 \text{ V}$$

b) Actuando la fuente de corriente y pasivando la fuente de tensión:

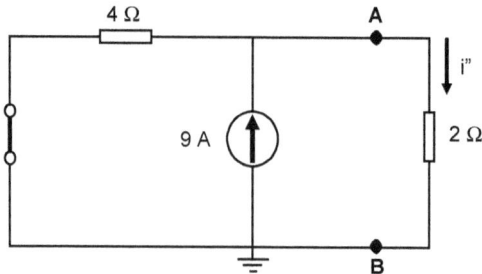

Aplicando el método de los nodos:

$$\frac{u''_A}{4} - 9 + \frac{u''_A}{2} = 0 \qquad\qquad u''_A = 12 \text{ V}$$

$$i'' = {}^{12}/_2 = 6 \text{ A}$$

Sumando ambos efectos obtenemos el valor deseado:

$$i = i' + i'' = 2 + 6 = 8 \text{ A}$$

$$u_A = u'_A + u''_A = 4 + 12 = 16 \text{ V}$$

11. Comportamiento energético de los circuitos

La potencia en una resistencia óhmica está dada por:

$$p \text{ [W]} = u. i = u^2 / R = u^2. G = i^2. R = i^2 / G$$

la cual se convierte totalmente en calor.

En el inductor y el capacitor la energía se acumula en forma de campo magnético y eléctrico (Campos conservativos) y cuando cesa la causa que la produce la restituye al circuito eléctrico. Esta energía tiene valores finitos y en general relativamente pequeños.

La expresión de la energía está dada por:

$$A = \int u. i. dt$$

Para el inductor su valor es $\qquad A_L = \dfrac{(L . i^2)}{2}$

Para el capacitor: $\qquad\qquad A_C = \dfrac{(C . u^2)}{2}$

11.1 Efectos térmicos de la corriente eléctrica

La energía eléctrica convertida en una resistencia "R" puede ser muy grande para una potencia chica, siempre que el tiempo sea lo suficientemente grande (Es proporcional al tiempo).

$$A_R = \int p \, dt = u. i . t = R \, i^2 \, t = (u^2 / R) \, t$$

La misma se mide en **Joule** [J],si la corriente es en Amper [A], la tensión en volt [V], la resistencia en Ohm [Ω] y el tiempo en segundos.

Se observa que para valores finitos de u, i y t la energía es finita y positiva. En la resistencia la energía eléctrica se convierte en calor y de acuerdo a:

$$Q \text{ [Kcal]} = 0{,}239 . 10^{-3} . P . t = 0{,}239 . 10^{-3} . R . i^2 . t$$

12. Teorema de la Máxima transferencia de potencia

Si tenemos un generador real que alimenta una resistencia de carga, según se muestra en la figura 43, veamos en que condiciones se efectúa la máxima transferencia de potencia.

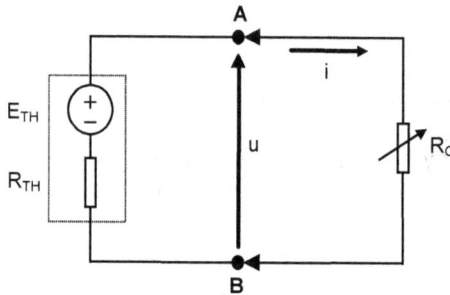

Figura 43: Circuito de análisis

La potencia que se transforma en la resistencia está dada por:

$$P = u . i = i^2 . R_C$$

$$i = \frac{E_{TH}}{R_{TH} + R_C}$$

$$p = \frac{E_{TH}{}^2}{(R_{TH} + R_C)^2} \cdot R_C$$

Para obtener el valor máximo de la potencia, derivamos esta expresión con respecto al elemento variable que es "R_C" y la igualamos a cero.

$$\frac{dp}{dR_C} = E_{TH}{}^2 (R_{TH} + R_C)^{-2} - 2 E_{TH}{}^2 R_C (R_{TH} + R_C)^{-3} = 0$$

$$E_{TH}{}^2 - 2 E_{TH}{}^2 R_C (R_{TH} + R_C)^{-1} = 0$$

$$E_{TH}{}^2 [1 - 2 R_C (R_{TH} + R_C)^{-1}] = 0$$

$$1 = 2\,R_C\,(R_{TH} + R_C)^{-1}$$

$$R_{TH} + R_C = 2\,R_C$$

$$\boxed{R_C = R_{TH}}$$

Se debe cumplir que la resistencia de carga sea igual a la resistencia interna del generador. En este caso la potencia tiene el siguiente valor:

$$p_{máx} = \frac{E_{TH}^2}{(2\,R_C)^2} \cdot R_C = \frac{E_{TH}^2}{4\,R_C}$$

12.1 Rendimiento para máxima transferencia de potencia

Definimos como rendimiento de un sistema la relación de potencia de salida ó útil, a la potencia de entrada o absorbida.

$$\eta = {}^{pu}\!/_{pabs} \qquad\qquad \text{En nuestro caso:}$$

$$pu = R_C\,i^2$$

$$pabs = E_{TH} \cdot i$$

$$\eta = \frac{R_C \cdot i^2}{E_{TH} \cdot i} = \frac{R_C \cdot i}{E_{TH}} = \frac{R_C \cdot E_{TH}}{E_{TH} \cdot 2\,R_C} = 0{,}50$$

Ejercicio N°1:

En el circuito de la figura obtener los potenciales de los nodos y las corrientes de las ramas, mediante el método de los nodos.

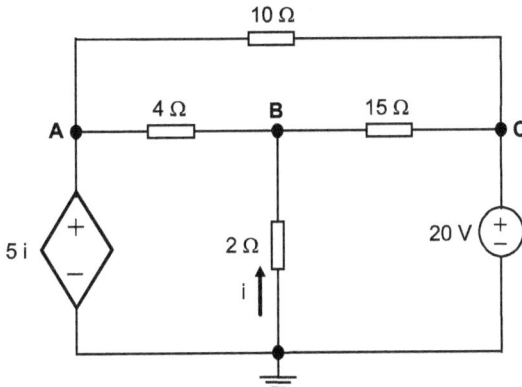

En el nodo **A**: $u_A = 5\,i$

En el nodo **C**: $u_C = 20\ V$

En el nodo **B**: $\dfrac{u_B - u_A}{4} + \dfrac{u_B}{2} + \dfrac{u_B - u_C}{15} = 0$

$- 0,25\ u_A + 0,817\ u_B = 1,333$

$i = -u_B / 2$

Reemplazando queda: $u_A = -2,31\ V$; $u_B = 0,925\ V$

$i = -0,46\ A$

El diagrama de corrientes y tensiones nos queda

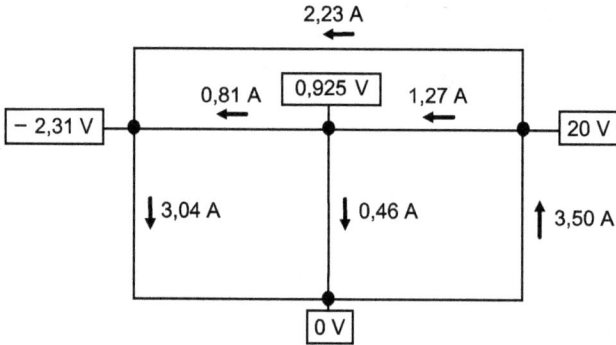

El balance energético es el siguiente:

Referencia	Potencia [W]		Cálculo
	Entregada	Absorbida	
Fuente de tensión de 20 V	70,00	---	20 . 3,50
Fuente controlada de tensión	7,02	---	2,31 . 3,04
Resistencia de 10 Ω	---	49,73	$10 . 2,23^2$
Resistencia de 4 Ω	---	2,62	$4 . 0,81^2$
Resistencia de 15 Ω	---	24,19	$15 . 1,27^2$
Resistencia de 2 Ω	---	0,42	$2 . 0,46^2$
Totales	76,96	77,02	La diferencia que pueda haber entre las columnas se debe a las aproximaciones

Ejercicio N° 2:

Hallar la fuente equivalente de Thevenin entre los bornes **A-B**.

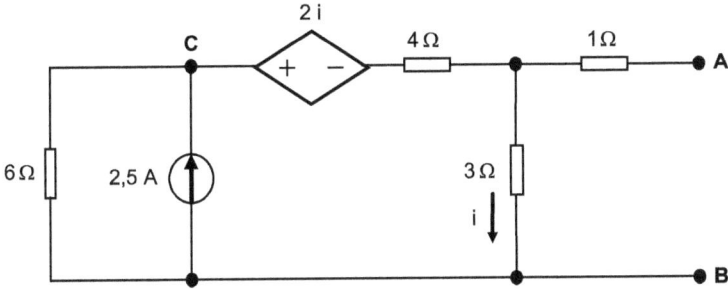

Para calcular la tensión del nodo **A**, calculamos el valor en **C**

$$\frac{u_C}{6} - 2{,}5 + \frac{u_C - 2\,i}{7} = 0$$

$$i = \frac{u_C - 2\,i}{7} \qquad \Rightarrow \qquad i = u_C / 9$$

Reemplazando: $\qquad u_C / 6 + u_C / 7 - 2 / 7\,(u_C / 9) = 2{,}5$

$$u_C = 9\ V$$

$$i = 9 / 9 = 1\ A$$

$$u_A = E_{TH} = 3 \cdot 1 = 3\ V$$

Para determinar la resistencia de Thevenin pasivamos la fuente independiente, y energizamos el circuito con una fuente auxiliar de tensión de 1 V. El circuito queda:

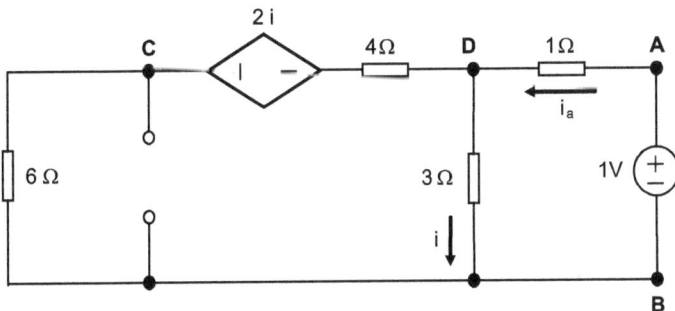

$$\frac{u_D + 2i}{10} + \frac{u_D}{3} + \frac{u_D - 1}{1} = 0$$

$i = u_A / 3$ Reemplazando:

$u_D / 10 + u_D / 3 + u_D + u_D / 15 = 0$

$u_D = 2 / 3$ V

$i_a = -(\frac{u_A - 1}{1}) = 1 / 3$ A

$R_{TH} = 1 / i_a = 3 \ \Omega$

OTROS LIBROS DEL AUTOR EDITADOS POR LIBRERÍA Y EDITORIAL ALSINA

CIRCUITOS EXCITADOS POR SEÑALES ALTERNAS

V. Jaime - J. Alvarez

I.S.B.N. 950-553-064-1

INSTALACIONES ELECTRICAS

en viviendas, industrias y grandes edificios

M. A. Sobrevila
J. Alvarez

I.S.B.N. 950-553-062-5

www.ingramcontent.com/pod-product-compliance
Lightning Source LLC
Chambersburg PA
CBHW060701280326
41933CB00012B/2260